Inhalt

Neuregelung der Goodwill-Abschreibung

Kernthesen

Beitrag

Fallbeispiele

Weiterführende Literatur

Impressum

Neuregelung der Goodwill-Abschreibung

G.Dengl

Kernthesen

- Der Goodwill wird nach US-GAAP nicht mehr über einen bestimmten Zeitraum planmäßig abgeschrieben, sondern ist jedem Jahr einem Werthaltigkeitstest (Impairment Test) zu unterziehen, und gegebenenfalls außerplanmäßig abzuschreiben.
- Auch die internationale und die deutsche Rechnungslegung übernehmen dieses Verfahren.
- Das neue Verfahren eröffnet noch mehr Bewertungsspielräume als das bisherige und wird deshalb von der Öffentlichkeit kritisiert.

- Die Anleger befürchten, dass Bilanzen und Unternehmenskennzahlen nun noch intransparenter werden.

Beitrag

Bisheriges Verfahren

Nach der Katerstimmung in der New Economy und der sich abzeichnenden Vertrauenskrise an der Börse, wird die Frage nach dem realistischen Firmenwert eines Unternehmens wieder aktuell. Die Frage, wie der Unterschied zwischen der Marktkapitalisierung und dem betriebswirtschaftlich ermittelten Eigenkapital auszuweisen ist, beschäftigt Unternehmenslenker, Anleger wie auch die Wissenschaft. Dieser Goodwill (zu deutsch: "Firmenwert") drückt die nicht buchhalterisch erfassten Werte wie Marktposition, Patente oder Wachstumsmöglichkeiten aus, also im weitesten Sinne die Erwartung zukünftiger Rückflüsse.

Es gilt zunächst zwischen dem selbsterstellten (originären) und dem gekauften (derivativen) Goodwill, z. B. bei Unternehmensakquisitionen, zu unterscheiden. Strittig ist lediglich die Bilanzierung des Letzteren. Er wurde bisher nach deutschen und internationalen Buchführungsregeln über einen selbst zu bestimmenden Zeitraum (i. d. R. zwischen 5 und 40 Jahre) abgeschrieben. Hatten sich die Aussichten des akquirierten Unternehmens verschlechtert, musste der Käufer die Differenz zum aktuellen Wert im Berichtsjahr über die Erfolgsrechnung abbuchen. Diese Regelung fand bei den Unternehmen noch nie großen Anklang, denn zum ersten, sei der Goodwill kein abnutzbarer Vermögensgegenstand (müsste demnach also überhaupt nicht abgeschrieben werden), und zum zweiten, könne der Abschreibungszeitraum nicht sinnvoll geschätzt werden.

Neues Verfahren: Impairment-only Methode

Auf immer stärker werdenden Druck der US-amerikanischen Industrie und der Investmentbanken hat der amerikanische Regulierer für Rechnungslegungsfragen, das Financial Accounting Standards Board (FASB), die Regeln zur Goodwill-Bilanzierung im Juli 2001 schließlich verändert. Nach außen hin wurde die Änderung lediglich mit der Schwierigkeit begründet, dass der Zeitraum für eine planmäßige Abschreibung nicht verlässlich zu bestimmen ist. Weiterhin würde nicht jeder Goodwill über die Zeit an Wert verlieren. (4) Von der Fachwelt, vor allem von wissenschaftlicher Seite, wird jedoch ein politischer Kompromiss hinter dieser Lösung vermutet.

Die Änderung der amerikanischen Rechnungslegungsvorschriften führte zu dem neuen Statement of Financial Accounting Standards No. 142 "Good-will and Other Intangible Assets". Dies stellt in der Grundphilosophie eine Neuorientierung bei der Erfassung der Firmenwerte dar. An die Stelle der bisherigen regelmäßigen Abschreibung, kombiniert mit einem einfachen Werthaltigkeitstest (Impairment Test), tritt der sogenannte Impairment-only-Ansatz: Der Firmenwert gilt nun grundsätzlich nicht mehr als abnutzbar, muss aber zumindest einmal jährlich mittels eines zweistufigen Verfahrens auf seine Werthaltigkeit geprüft werden.

Der Unterschiedsbetrag zwischen dem Kaufpreis und dem Buchwert des übernommenen Unternehmens wird in einen planmäßig abzuschreibenden Teil (stille Reserven im abnutzbaren materiellen und immateriellen Vermögen) und einen im Regelfall nicht abzuschreibenden Teil (Firmenwert, immaterielle Aktiva mit nicht absehbarer Nutzungsdauer) zerlegt. Durch die schwierige Abgrenzung dieser beiden Teile entsteht in der Praxis ein erheblicher Gestaltungsspielraum. So z. B. in der

Erfassung von derivativen und originären Goodwill-Elementen, oder durch die Anwendung des Discounted-Cashflow-Verfahrens. (5)

Da der mit dem Akquisitionspreis gezahlte Goodwill eine bilanzielle Restgröße darstellt, basiert die Werthaltigkeitsprüfung zum Großteil auf den Erfolgserwartungen des Managements. Die Höhe der jeweiligen Abwertungen ist somit sowohl nach oben als auch nach unten nahezu beliebig gestaltbar. (4)

Auswirkungen auf europäische und deutsche Rechnungslegung

Der Deutsche Standardisierungsrat hat im Januar in seinem DRS 1a ("Befreiender Konzernabschluss nach § 292a HGB — Konzernabschluss nach US GAAP: Goodwill und andere immaterielle Vermögenswerte") die neuen US-Regeln zur Goodwill-Bilanzierung nun für EG-Bilanzrichtlinienkonform erklärt. Es ist zu erwarten, dass spätestens ab 2005 - wenn mindestens alle börsennotierten europäischen Unternehmen nach internationalen Standards bilanzieren müssen - Goodwill-Wertverluste auch in Europa nicht mehr planmäßig über viele Jahre abgeschrieben werden können. (2)

Diese Entscheidung kommt vor allem den in New York börsennotierten deutschen Großkonzernen wie Daimler-Chrysler, Deutsche Bank, SAP, Siemens oder E.on zu Gute, denn sie können nun weiterhin die alleinige Bilanzierung nach US-GAAP vornehmen. Hätte man die Vorschriften in SFAS 142 als mit EU-Recht unvereinbar angesehen, wären diese Unternehmen gezwungen, zumindest zusätzlich die planmäßigen Goodwill-Abschreibungen im Konzernabschluss anzugeben.

Der DRS 1a ist eine umstrittene Regelung, und wird genau aus denselben Gründen kritisiert wie die amerikanische Vorgabe. Es wird in beiden Fällen vermutet, dass ein politischer Kompromiss hinter der Lösung steckt. Seitdem der DRS 1a jedoch durch das Bundesministerium der Justiz Anfang April im Bundesanzeiger bekannt gemacht worden ist, ist er als Bestandteil der Grundsätze ordnungsmäßiger Konzernrechnungslegung von den betreffenden Unternehmen zu beachten. (4)

Betroffen sind unmittelbar nur diejenigen Firmen, die schon jetzt nach US-GAAP bilanzieren (11 der 30 Dax-Firmen tun das). Wird also festgestellt, dass Firmenwerte nicht mehr werthaltig sind, so ist erstmalig für das Geschäftsjahr 2002 die Differenz zwischen dem alten und dem neuen Goodwill-Wert komplett abzuschreiben. Eine Verlagerung der

Abschreibung in die Zukunft ist nicht mehr möglich.

Nachdem das Verfahren nun für EU-konform erklärt wurde, ist auch mittelfristig bei allen Firmen die nach den International Accounting Standards (IAS) bilanzieren (16 Dax-Firmen) - mit außerplanmäßigen Abschreibungen der Firmenwerte zu rechnen. (2)

Die Öffentlichkeit ist mit dem neuen Verfahren nicht einverstanden

Das Lager der Anleger wünscht sich zum Großteil eine Rückkehr zur bewährten Bilanzierungspraxis. Ein anderer diskutabler Ausweg aus dem Vergleichsdilemma könnte vorerst darin liegen, das Jahresergebnis und damit den Gewinn je Aktie generell um Goodwill-Abschreibungen zu bereinigen. (4)

Ein Gegenargument ist hier allerdings, dass, falls die finanzielle Berichterstattung zur Beurteilung der Qualität der Unternehmensführung herangezogen wird, und falls damit im wahrsten Sinne des Wortes Rechenschaft abgelegt werden soll, dann müssen Goodwill-Abschreibungen einen Bestandteil der

Bemessungsgrößen darstellen. Vor allem sogenannte außergewöhnliche Abschreibungen von Goodwill sind auf überhöhte Kaufpreise oder Fehleinschätzungen der wirtschaftlichen Aussichten zurückzuführen, und geben damit Aufschluss über die Qualität des Management. (8)

Fallbeispiele

Vodafone

Die kürzlich veröffentlichten Konzernzahlen überraschten Anleger und Analysten gleichermaßen. Vodafone meldete mit 13,54 Mrd. Pfund den höchsten Verlust vor Steuern eines britischen Unternehmens. Und trotzdem blieb der Markt ruhig, denn Unternehmenslenker Gent begründete dies mit einer notwendig gewordenen Abschreibung auf den Goodwill in Höhe von 13,47 Mrd. Pfund. Mit dieser Begründung nahm er allen Kritikern den Wind aus den Segeln und hielt den Aktienkurs vergleichsweise stabil. Die außergewöhnliche Abschreibung des Goodwills ist damit salonfähig geworden. (1), (3)

First Call

Gerade während der Umstellungsphase ist verstärkt mit Missverständnissen und verwirrten Anlegern zu rechnen. Sogar Analysten wie der Informationsdienstleister First Call kämpfen damit, die eingehenden und in der Datenbank I/B/E/S gebündelten Gewinnschätzungen der Finanzanalysten auf eine einheitliche Basis zu stellen. Im Augenblick befinden sich Gewinn-je-Aktie-Schätzungen mit und ohne planmäßige Goodwill-Abschreibung ohne Unterscheidungsmöglichkeit im selben System. Bedenklich für diejenigen Investoren, die ihre Anlageentscheidungen an Analystenempfehlungen ausrichten. (4)

Leica

Die Leica Geosystems hat im vergangenen Jahr trotz stabiler Ertragslage einen hohen Verlust ausweisen müssen. Der Hauptgrund dafür lag in einer empfindlichen Goodwill-Abschreibung auf das erst kürzlich zugekaufte Unternehmen Cyra. Die von Cyra eingebrachte Laserscanning-Technologie hätte noch nicht die nötige Akzeptanz gefunden, so Leica, die langfristigen Aussichten für diese Technologie seien aber ausgezeichnet. Die Anleger haben es dem ansonsten sehr gut aufgestellten Unternehmen nicht übel genommen: der Aktienkurs bleibt stabil. (10), (11)

AOL/TimeWarner

Nach einem spektakulären Quartalsverlust (54,2 Mrd. Dollar), stieg der Aktienkurs sogar noch an. Wie ist das zu erklären? Die TimeWarner-Akquisition musste neu bewertet werden und hier ist der Großteil der Abschreibungen zustande gekommen. Durch geschickte Marktkommunikation hat es AOL jedoch geschafft, die Aufmerksamkeit der Anleger auf das Ebitda zu lenken, d. h. auf das Ergebnis vor der Goodwill-Abschreibung, und das hat mit 2,05 Mrd. Dollar um ca. 3 Prozent zugelegt. Von dem unglaublichen Verlust war plötzlich gar nicht mehr die Rede und die Aktie zog nach den "guten" Ergebnissen sogar noch an! (12), (13)

Deutsche Telekom

Auch die Deutsche Telekom könnte von außerplanmäßigen Firmenwertkorrekturen nicht verschont bleiben. Gerade der Einkauf von

Voicestream belastet die Deutsche Telekom. Nachdem es dem Unternehmen branchenbedingt ohnehin nicht besonders gut geht, wird viel von der richtigen Entscheidung der Geschäftsleitung abhängen und dazu wird auch zählen, wie die notwendige Abschreibung auf den Firmenwert der Öffentlichkeit kommuniziert wird. (14)

Weiterführende Literatur

(1) Optimismus bei Vodafone trotz hohem Verlust /Verzicht auf Abschreibungen im Kerngeschäft
aus Neue Zürcher Zeitung, 29.05.2002, S. 21

(2) Abgeschrieben Neue Bilanzierungsregeln nach US-Vorbild zwingen Unternehmen dazu, Wertverluste aus Firmenkäufen sofort abzuschreiben. Jetzt drohen Ergebniskorrekturen in Milliardenhöhe. Die FTD hat den Dax 30 einem Check unterzogen
aus FTD Financial Times Deutschland vom 14.06.2002, Seite WE 10

(3) Struck, C., Vodafone: Das geringere Übel, Computerwoche, 07.06.2002, Nr. 23, S. 28
aus FTD Financial Times Deutschland vom 14.06.2002, Seite WE 10

(4) Verwirrung beim Anleger wegen der neuen Firmenwertbilanzierung
aus Frankfurter Allgemeine Zeitung, 22.04.2002, Nr. 93,

S. 25

(5) Bilanzanalyse in einer sich wandelnden Welt der Rechnungslegungsgrundsätze
aus Betriebswirtschaftliche Blätter, Januar 2002, Nr. 01, S. 41

(6) Neue Standards zur Bilanzierung von Goodwill
aus Der Schweizer Treuhänder, Heft 3/2002, S. 184-190

(7) Immaterielle Aktiven - wie bilanzieren?
aus Der Schweizer Treuhänder, Heft 4/2002, S. 313-322

(8) Neue Standards zur Bilanzierung von Goodwill
aus Der Schweizer Treuhänder, Heft 4/2002, S. 305-312

(9) Neue Ehrlichkeit Die revidierten US-Bilanzierungsvorschriften für Goodwill-Abschreibungen sorgen für mehr Transparenz - Europa sollte die Regelung übernehmen
aus FTD Financial Times Deutschland vom 30.04.2002, Seite 33

(10) Leica mit Potenzial /Verlust wegen Goodwill-Berichtigung
aus Neue Zürcher Zeitung, 07.06.2002, S. 25

(11) Romer, M., Leica steht vor Jahr der Bewährung - Goodwill-Abschreiber von 58 Mio. Fr. - Aktien geben mehr als nur Buchwert her, Finanz und Wirtschaft Schweiz, 08.06.2002, S. 26
aus Neue Zürcher Zeitung, 07.06.2002, S. 25

(12) "Oscars garantieren keine Kursgewinne" Branche Medienindustrie: Die Medienbranche hängt derzeit an den seidenen Fäden Kabel-TV und Werbegeschäft aus WirtschaftsBlatt, 07.05.2002, Nr. 1617, S. E2

(13) AOL schreibt Geschichte mit Quartalsverlust Unglaubliche 54,2 Milliarden Miese
aus WirtschaftsBlatt, 26.04.2002, Nr. 1611, S. A15

(14) Das Kapital - Den nächsten Fehler hat Ron Sommer schon im Visier
aus FTD Financial Times Deutschland vom 07.06.2002, Seite 19

Impressum

Neuregelung der Goodwill-Abschreibung

Bibliografische Information der deutschen Nationalbibliothek

Die Deutsche Nationalbibliothek verzeichnet diese Publikation in der deutschen Nationalbibliografie; detaillierte bibliografische Daten sind im Internet über http://dnb.d-nb.de abrufbar.

ISBN: 978-3-7379-1560-1

© 2015 GBI-Genios Deutsche Wirtschaftsdatenbank GmbH, Freischützstraße 96, 81927 München, www.genios.de

Alle Rechte vorbehalten. Dieses Werk ist einschließlich aller seiner Teile – z.B. Texte, Tabellen und Grafiken - urheberrechtlich geschützt. Jede Verwertung außerhalb der Grenzen des Urheberrechtsgesetzes bedarf der vorherigen Zustimmung des Verlags. Dies gilt insbesondere auch für auszugsweise Nachdrucke, fotomechanische Vervielfältigungen (Fotokopie/Mikroskopie), Übersetzungen, Auswertungen durch Datenbanken oder ähnliche Einrichtungen und die Einspeicherung und Verarbeitung in elektronischen Systemen.